Juillet 2012

Notre meilleur souvenir

Lucie Bernier et Jean Yves LeBlanc

QUEBEC
La Belle Province

QUEBEC

La Belle Province

Madelaine Mautord

CHARTWELL
BOOKS, INC.

This edition published in 2008 by

CHARTWELL BOOKS, INC.
A Division of
BOOK SALES, INC.
114 Northfield Avenue
Edison, New Jersey 08837

ISBN13: 978-0-7858-2457-2
ISBN10: 0-7858-2457-X

© 2008 Compendium Publishing,
43 Frith Street, London, Soho, W1D 4SA, United Kingdom

Cataloging-in-Publication data is available from the Library of Congress

Printed and bound in China

Design: Mark Tennent/Compendium Design

PAGE 2: Looking out across the Saint Lawrence River and the historic parts of Quebec into the sprawling suburbs beyond.

PAGE 2: Vue comprenant le fleuve Saint-Laurent, les quartiers historiques de Québec et les banlieues s'étalant aux alentours.
(Corbis 42-19461078 Michel Setboun/Corbis)

RIGHT: Place des Arts in Montreal is a center for the performing arts that was founded in 1963.

DROITE: La Place des Arts à Montréal, haut-lieu des arts de la scène, fut fondée en 1963.
(Corbis 42-16146348 Rudy Sulgan/Corbis)

Contents

Introduction

Chateau Frontenac dominates the horizon above Old Quebec City. Built in 1893 it is a huge hotel with 600 opulent rooms.

Dominant l'horizon, le Château Frontenac surplombe le Vieux-Québec. Ce luxueux hôtel de 600 chambres fut construit en 1893. *(iStockphoto 4578189 Steven Miric)*

Introduction

The largest French-speaking territory in the world, Quebec is also Canada's biggest province. Populated by the Algonquin, Iroquoian, and Inuit tribes 10,000 years before the arrival of the first Europeans, the first French explorer to enter the area now known as Quebec was Jacques Cartier. He claimed the land for King Francis I of France in 1534 during his first expedition into the Saint Lawrence River. His second journey—into Eastern Canada—was a disaster. Many of his men died from scurvy after an unexpected change of weather stranded the mission throughout the harsh Quebec winter. Following his narrow escape and the king's disappointment with what seemed to be an uninspiring and unrewarding territory, France abandoned its new outpost until the early seventeenth century. However, despite a lack of political interest, French fisherman crossed the Atlantic to avail themselves of the abundant seas off Quebec's coast and soon began a lucrative fur trade with the indigenous peoples. So successful was this new commercial interaction, that the interest of the King was renewed and a plan of permanent colonization put into effect.

Quebec City was established in 1608 by Samuel de Champlain, who is often referred to as the "Father of New France." Life in the newly formed city was difficult and many settlers died from hunger or disease during the first cruel winter, but the arrival of more immigrants and the agricultural success that followed meant the city and its population quickly began to grow. Control over the territory and its profitable fur trade was given to the "Compagnie des Cent-Associés" in 1627. The company agreed to support and expand the settlement in return for land rights and exclusive control of the fur trade. Unfortunately, this spelled disaster for the colony. The company showed no interest in anything other than profit and brought only 300 more settlers over the next ten years. Unsurprisingly, the company was stripped of its rights in 1632 and liquidated in 1662.

As the wealth of Quebec increased, so too did foreign interest in the territory. In the middle of the eighteenth century British forces struck. Led by General James Wolfe, large numbers of British troops laid siege to the walled city in 1759 and after two months of battles and bombardment, Quebec fell. Montreal followed just months later in 1760. British military rule of New France began in that year with the appointment of General Jeffery Amherst as the Governor General of British North America. When the Peace Treaty of Paris was signed in 1763, France abandoned all claims on the province and military rule was replaced with a civilian government. Quebec was to remain under British dominion for over a century.

In 1867, following rebellions from the Canadian populace, including a successful raid led by resistance groups in Saint Denis, Quebec, the Parliament of Great Britain passed The British North America Act. This gave Canada the right to govern itself on a local level, although Great Britain retained jurisdiction over its external affairs. This would not change until 1931, when Britain signed the Statute of Westminster, officially renouncing any power over the country.

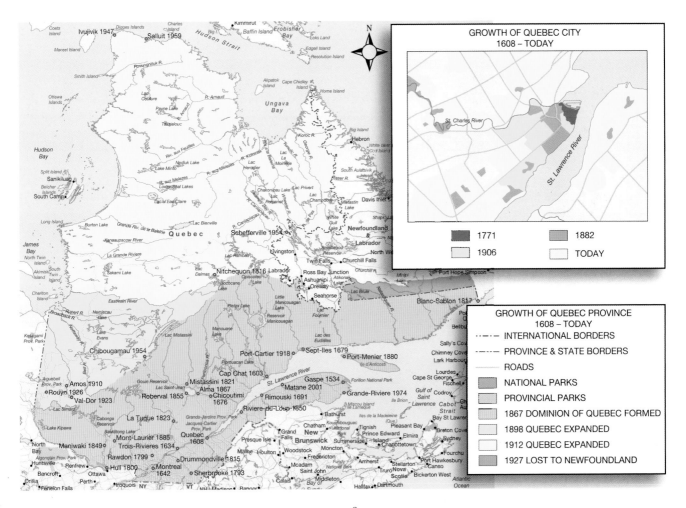

Today Quebec is recognized as a "distinct society" within Canada. Its unique history, culture, and even language set it apart from the rest of the nation. There have been many attempts by nationalists to have Quebec declared an independent state but so far without success.

Introduction

La plus vaste province du Canada, le Québec, tient lieu de plus grand territoire francophone au monde. Alors qu'y vivaient des tribus autochtones telles que les Algonquins, les Iroquois et les Innus depuis plus de dix mille ans, le premier explorateur français à visiter la région maintenant appelée le Québec fut Jacques Cartier. Lors de sa première expédition sur le fleuve Saint-Laurent en 1534, Cartier réclama le territoire au nom de la France sous le règne de François Ier. Son deuxième voyage dans l'Est du Canada fut un désastre. Pris de court par l'arrivée inattendue du dur hiver québécois, plusieurs de ses hommes moururent du scorbut. Suite à l'échec de cette mission et à la déception du roi devant ce territoire qui ne semblait ni inspirant ni gratifiant, la France suspendit ses explorations jusqu'au début du dix-septième siècle. Malgré l'absence d'intérêt politique, des pêcheurs français traversèrent l'Atlantique pour profiter des mers abondantes au large des côtes nord-américaines. Commença alors un commerce plutôt lucratif entre les

LEFT: The beautiful and brightly decorated old row houses of Quebec City date back to the eighteenth and nineteenth centuries.

GAUCHE: Ces rangées de vieilles maisons, joliment décorées et illuminées, se dressent au cœur de la ville de Québec depuis les dix-huitième et dix-neuvième siècles. *(iStockphoto 3671151 Steven Miric)*

arrivants et les peuples indigènes : la traite des fourrures. Ce nouveau créneau commercial réussissait si bien qu'il renouvela l'intérêt du roi envers ce territoire étranger dont il envisageait désormais la colonisation permanente.

Ayant fondé la ville de Québec en 1608, Samuel de Champlain porte souvent le titre de « Père de la Nouvelle-France ». La vie dans la jeune ville s'avérant très difficile, la faim et la maladie firent trépasser plusieurs colons. Toutefois, l'arrivée de nouveaux immigrants et le succès agricole qui s'en suivit permit à la population de se mettre rapidement à croître. Le contrôle du territoire et de son profitable commerce des fourrures fut octroyé à la « Compagnie des Cent-Associés » en 1627. En échange de droits fonciers et du contrôle exclusif de la traite, la compagnie s'engageait à soutenir et favoriser la colonisation. Malheureusement, cet accord fut synonyme de désastre pour la colonie. La compagnie ne démontrait aucun intérêt autre qu'économique et n'amena que 300 colons additionnels au cours de la décennie suivante. Évidemment, la compagnie perdit ses droits exclusifs en 1632 et fut liquidée en 1662. Comme la richesse du Québec s'accroissait, les intérêts étrangers pour ce territoire prenaient aussi de l'ampleur. C'est au milieu du dix-huitième siècle que les forces britanniques firent irruption. Menées par le général James Wolfe, de nombreuses troupes britanniques prirent d'assaut la ville fortifiée en 1759. Après deux mois de bataille et de bombardements, la ville de Québec tomba aux mains des envahisseurs. Sa chute fut suivie par celle de Montréal quelques mois plus tard, en 1760.

Dès cette année-là, la Nouvelle-France fut soumise au régime militaire britannique sous les ordres du général Jeffrey Amherst, alors

nommé gouverneur général de l'Amérique du Nord britannique. Lorsque que le traité de Paris fut signé en 1763, la France céda ses colonies et territoires à la Grande-Bretagne qui remplaça alors le régime militaire par un gouvernement civil. La province de Québec demeura sous le contrôle britannique pour plus d'un siècle, non sans qu'un mouvement de rébellion prenne racine au sein des patriotes canadiens-français.

En 1867, suite à plusieurs rébellions populaires telles que le raid mené par des groupes de résistance à Saint-Denis, c'est au parlement de Grande-Bretagne qu'entra en vigueur le premier Acte de l'Amérique du Nord Britannique. Le Canada obtint ainsi la souveraineté de se gouverner lui-même au niveau local, bien que la Grande-Bretagne y maintînt sa juridiction au niveau des affaires extérieures. Cette situation se poursuivit jusqu'à ce que les Britanniques signent le Statut de Westminster en 1931, renonçant officiellement à tout pouvoir sur le pays.

Aujourd'hui reconnue comme « société distincte », la province de Québec se différencie du reste de la nation canadienne par son histoire unique et par sa langue officielle, le français. À la fin du vingtième siècle, le mouvement souverainiste proposa que le Québec devienne un état indépendant du reste du Canada, mais leurs tentatives, par voie référendaire, échouèrent à deux reprises.

LEFT: The old skyline of Montreal looking towards the Saint Lawrence River has changed beyond recognition since 1859.

GAUCHE: La silhouette de Montréal faisant face au fleuve Saint-Laurent en 1859 nous paraît méconnaissable aujourd'hui. *(Corbis HU045451 Hulton-Deutsch Collection/Corbis)*

ABOVE: Modern day Montreal is a vibrant
city boasting many superbly designed
skyscrapers.

AU-DESSUS: L'actuelle ville de Montréal,
moderne et vibrante, arbore fièrement le
design fulgurant de ses gratte-ciel.
(iStockphoto 753393 Tony Tremblay)

ABOVE: The Place Royale in the heart of Old Quebec has been the center of social and commercial interaction since the city's foundation in 1608. It has recently undergone extensive restoration.

AU-DESSUS: La Place Royale au centre du Vieux-Québec a servi de lieu d'interaction sociale et commerciale depuis la fondation de la ville en 1608. L'endroit fut récemment rénové d'un bout à l'autre. *(Corbis 42-17885056 Richard T. Nowitz/Corbis)*

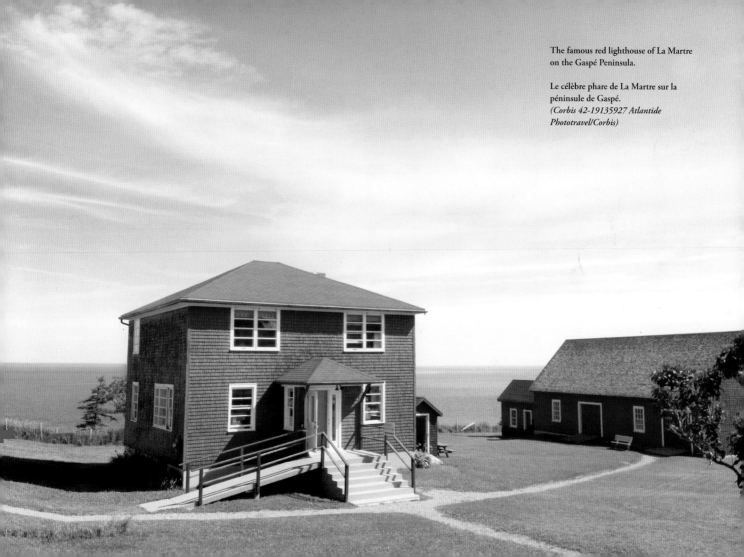

The famous red lighthouse of La Martre on the Gaspé Peninsula.

Le célèbre phare de La Martre sur la péninsule de Gaspé.
(Corbis 42-19135927 Atlantide Phototravel/Corbis)

The horizon of Quebec City at night.

L'horizon nocturne de la ville de Québec.
(Corbis 42-19131910 Atlantide Phototravel/Corbis)

The Ile Bonaventure National Park is one
of the largest and most accessible bird
sanctuaries in the world and was founded
by the local government in 1971.

Le parc national de l'île Bonaventure est un
des sanctuaires d'oiseaux les plus grands au
monde. Accessible au grand public depuis
1971, cet habitat aviaire est protégé par le
gouvernement local.
(Corbis 42-19224180 Atlantide
Phototravel/Corbis)

LEFT & ABOVE: Built in 1647, the Basilica of Notre Dame stands in the heart of Old Quebec City.

GAUCHE ET AU-DESSUS: Bâtie en 1647, la basilique Notre-Dame est située au cœur du Vieux-Québec.
(Corbis 42-19131079 Atlantide Phototravel/Corbis and Corbis CU943422 Richard Cummins/Corbis)

RIGHT: The main thoroughfare of the Upper Town in Quebec City, Rue Saint Louis boasts many of the oldest stone buildings in the town, including the "Maison Kent". Named after the Duke of Kent, it was here that the French signed over power to British forces.

DROITE: Principale voie traversant la Haute-Ville de Québec, la rue Saint-Louis détient les plus vieilles bâtisses en pierres de la ville, incluant la Maison Kent. C'est en cette demeure nommée après le duc de Kent que les Français signèrent la cession du pouvoir aux forces britanniques. *(Corbis NW007269 Nik Wheeler/Corbis)*

ABOVE: The Old Customs House in Quebec
City was designed by architect Henry
Musgrave Blaiklock and built in 1831.

AU-DESSUS: L'ancien édifice de la douane
de Québec, conçu par l'architecte Henry
Musgrave Blaiklock, fut construit en 1831.
(Corbis CSM004371 Tibor Bognár/Corbis)

ABOVE: The opulent interior of Quebec's National Assembly Room in the Houses of Parliament.

AU-DESSUS: Au sein de l'Hôtel du Parlement à Québec, la salle de l'Assemblée Nationale jouit d'un décor intérieur luxueux.
(Corbis CU943411 Richard Cummins/Corbis)

LEFT: This small dwelling originally dates back to 1677 and is one of the oldest buildings in Quebec. The author Phillippe Aubert de Gaspé lived here between 1815 to 1824. It now houses a restaurant named "Aux Anciens Canadiens", after the name of de Gaspé's most famous book.

GAUCHE: Cette petite habitation datant de 1677 est un des plus vieux bâtiments de Québec. L'auteur Philippe Aubert de Gaspé y vécut entre 1815 et 1824. La maison héberge désormais un restaurant nommé « Aux anciens Canadiens » en l'honneur du plus célèbre ouvrage qu'ait écrit de Gaspé.(Corbis 42-19460553 Michel Setboun/Corbis)

Colonization and New France (–1759)
La colonisation de la Nouvelle-France (–1759)

The stunning scenery and bountiful
countryside made Quebec an inviting
prospect for potential colonists.

Le paysage époustouflant et la campagne
luxuriante rendirent le Québec attrayant
aux yeux des futurs colons.
(iStockphoto 4345333 Adam Korzekwa)

Colonization and New France (–1759)
La colonisation de la Nouvelle-France (–1759)

Quebec, meaning "where the river narrows" in Algonquin, was the ideal place for Samuel de Champlain to establish a fur trading post in 1608. It had a natural harbor, and he could monitor river traffic easily from Cape Diamond plus it was already an established meeting place for the natives. Over the ensuing years Quebec City gained a fort, a moat, a drawbridge and some basic dwellings. However, after twenty years, the city only had 72 settlers. When the "Company of 100 Associates" took over the running of the city in 1627, Charles Hualt de Montmagny was appointed governor. He began the construction of new roads, churches and hospitals. Such improvements attracted more settlers yet, surprisingly, many chose to live outside of the city. By 1663, the year Quebec became the official capital of New France, 550 people were living inside the city walls while a further 1,400 had settled in the surrounding countryside.

Québec, qui signifie « là où le fleuve se rétrécit » en Algonquin, était l'endroit idéal selon Samuel de Champlain pour installer un poste de traite de la fourrure en 1608. Ce rivage naturel, dont il pouvait observer le trafic maritime à partir du Cap Diamant, servait déjà de lieu de rassemblement pour plusieurs peuples autochtones. Au cours des années suivantes, la ville de Québec se dota de fortifications,

ABOVE: A quiet coastal town, Gaspé played an important role in Quebec history. It was here that Jacques Cartier first claimed the land for King Francis I of France in 1534.

DESSUS: Ce tranquille village côtier, Gaspé, a joué un rôle important dans l'histoire du Québec. C'est là que Jacques Cartier réclama la première parcelle de territoire au nom du roi de France François Ier en 1534.
(iStockphoto 3437681 laughingmango)

d'une tranchée, d'un pont-levis et de quelques habitations de base. Par contre, après vingt ans, la ville ne comptait que 72 colons. Quand la Compagnie des Cent Associés prit en charge la gestion de la ville en 1627, Charles Hualt de Montmagny fut désigné

LEFT: The peaceful town of Percé, overlooking the famous Percé Rock, was the most important fishing village in the province during the seventeenth century.

GAUCHE: Le village paisible de Percé, admirant le célèbre Rocher Percé, était le plus important port de pêche de la province au dix-septième siècle.
(Corbis WK028359 Wolfgang Kaehler/Corbis)

gouverneur. Il entama la construction de nouvelles routes, d'églises et d'hôpitaux. De telles améliorations attirèrent davantage de colons, qui pour la plupart décidèrent, étonnamment, d'habiter hors de la cité. En 1663, lorsque Québec devint la capitale officielle de la Nouvelle-France, on comptait 550 personnes vivant à l'intérieur de ses murs alors qu'ils étaient 1400 à s'être établis dans la campagne avoisinante.

ABOVE & RIGHT: Standing at the head of the Saint Lawrence and Saguenay rivers is the popular tourist town of Tadoussac. It was here that Jacques Cartier first landed in 1535.

A

DESSUS ET DROITE: Se tenant à la croisée du fleuve Saint-Laurent et de la rivière Saguenay, le village de Tadoussac est très populaire auprès des touristes. C'est à cet endroit que Jacques Cartier accosta pour la première fois en 1535.
(Corbis SP012974 Robert Estall/Corbis and Getty Images 56619169 Yves Marcoux)

RIGHT: A painting depicting the foundation of Quebec in 1608 by Samuel de Champlain.

DROITE: Une peinture relatant la fondation de Québec par Samuel de Champlain en 1608.
(Getty Images 74596544 Ambroise-Louis Garneray)

FAR LEFT: There has been a settlement at Saint Pierre Harbor since 1608 although it obtained notoriety as a popular smuggling base during the Prohibition era.

GAUCHE LOINTAINE: Quelques familles se sont établies à Havre-Saint-Pierre depuis 1608 malgré la notoriété que l'endroit a obtenue en tant que populaire lieu de contrebande durant l'ère de la Prohibition. *(Corbis VH001633 Robert van der Hilst/Corbis)*

LEFT: Standing next to the impressive Parliament Building is a statue of Samuel de Champlain, the founder of Quebec in 1608 and the "Father of New France."

GAUCHE: Devant l'impressionnant édifice du Parlement, se trouve une statue de Samuel de Champlain, le fondateur de Québec et le « Père de la Nouvelle-France ». *(Corbis 42-17883988 Richard T. Nowitz/Corbis)*

RIGHT: A portrait of the "father of New France", Samuel de Champlain.

DROITE: Un portrait du « père de la Nouvelle-France », Samuel de Champlain.
(Corbis BE038735 Bettmann/Corbis)

FAR RIGHT: The Vieux Port in Old Montreal has a history going back to 1611 when French fur traders used it as a trading post.

DROITE LOINTAINE: L'histoire du Vieux-Port de Montréal remonte à l'an 1611 alors que les commerçants de fourrure français s'en servaient comme poste de traite.
(Corbis 42-17717232 Tibor Bognar/Corbis)

OVERLEAF: The beautiful old buildings of Rue Saint Louis in Quebec City are illuminated at night. This street runs alongside the imposing Chateau Frontenac.

PAGE SUIVANTE: Les beaux vieux bâtiments de la rue Saint-Louis à Québec sont illuminés la nuit. Cette rue longe l'imposant Château Frontenac.
(Corbis 42-19131606 Atlantide Phototravel/Corbis)

FAR LEFT: The view of Old Quebec City in winter.

GAUCHE LOINTAINE: Le Vieux-Québec en pleine saison hivernale. *(Corbis 42-18575770 Philippe Renault/Hemis/Corbis)*

LEFT: The stunning scenery along the Charlevoix coast, close to Quebec City, is some of the most beautiful in the world.

GAUCHE: Le paysage à couper le souffle des rives de Charlevoix, près de la ville de Québec, se classe parmi les plus beaux panoramas au monde. *(Corbis 42-18575187 Jean du Boisberranger/Hemis/Corbis)*

RIGHT: Outside the Basilica Notre Dame stands a statue of Paul Chomedey, the founder of Montreal in 1642.

DROITE: À l'extérieur de la basilique Notre-Dame se trouve une statue de Paul Chomedey, celui qui fonda Montréal en 1642.
(iStockphoto 2589873 Vladone)

FAR RIGHT: This engraving shows the central market square in Quebec City and the Basilica Notre Dame of Quebec. Built in 1647, it serves the oldest parish in North America.

DROITE LOINTAINE: Cette gravure montre le marché central à Québec ainsi que la basilique Notre-Dame. Construite en 1647, elle dessert la plus vieille paroisse du Nord de l'Amérique.
(Corbis BK002682)

FAR LEFT: Situated across Saint Lawrence River from Quebec City is Old Levi. Although not incorporated until 1860, this area has a history dating back to 1647.

Á GAUCHE LOINTAINE: Le Vieux-Lévis se situe vis-à-vis Québec de l'autre côté du Saint-Laurent. Bien que cette municipalité ne soit incorporée que depuis 1860, son histoire a commencé en 1647.
(iStockphoto 2210091 Tony Tremblay)

LEFT: There has been a church on this site since 1658, when a group of sailors, survivors of a shipwreck, vowed to build a chapel on the site to give thanks. The Basilica of Sainte Anne de Beaupre was first opened in 1876.

Á GAUCHE: Une chapelle se trouve à cet endroit depuis 1658, alors qu'un groupe de marins, ayant survécu à un naufrage, l'ont édifiée pour exprimer leur gratitude. La basilique de Sainte-Anne-de-Beaupré est ouverte au public depuis 1876.
(Corbis 42-19159976 William Manning/Corbis)

RIGHT: The various seventeenth and eighteenth century buildings of Old Quebec have recently undergone renovation, restoring the center of the city to its former glory.

DROITE: Les divers édifices du Vieux-Québec, datant des dix-septième et dix-huitième siècles, ont récemment été rénovés pour redonner au centre-ville sa gloire du passé.
(iStockphoto 4995938 Tony Tremblay)

FAR RIGHT: The historic town of Terrebonne was founded in 1673. Although mostly gutted by fire in 1922 it managed to retain some beautiful nineteenth century houses.

DROITE LOINTAINE: La ville historique de Terrebonne fut fondée en 1673. Presque anéantie par un incendie en 1922, la ville réussit à conserver quelques magnifiques maisons datant du dix-neuvième siècle.
(iStockphoto 4508030 Sebastien Cote)

FAR LEFT & LEFT: The Quebec Seminary was founded in 1663 by the first bishop of Quebec, François Laval. It became the first Catholic University in North America in 1852.

GAUCHE LOINTAINE ET GAUCHE: Le premier évêque de Québec, François Laval, fonda le Séminaire de Québec en 1663. L'institution devint la première université catholique de l'Amérique de Nord en 1852.
(Corbis NW007331 Nik Wheeler/Corbis and Corbis 42-16546610 Tibor Bognar/Corbis)

ABOVE: Although Chicoutimi City was not officially founded until 1842, it was originally established as a fur trading post back in 1676.

DESSUS: Bien que la ville de Chicoutimi ne fût officiellement fondée qu'en 1842, elle fut établie en 1676 en tant que poste de traite.
(iStockphoto 4528989 Tony Tremblay)

RIGHT: The small church, Notre-Dame-des-Victoires was originally completed in 1723, although following the British bombardment of the city, it underwent a full restoration in 1816.

DROITE: La petite église de Notre-Dame-des-Victoires, dont la construction fut achevée en 1723, dut être totalement rénovée en 1816 à la suite de bombardements britanniques sur la ville.
(Fotolia 3840599 Mr. D)

LEFT & ABOVE: An alternative view of downtown Chicoutimi from the water front.

GAUCHE ET DESSUS: Un point de vue différent sur le centre-ville de Chicoutimi, tel qu'aperçu de la rivière Saguenay.
(*iStockphoto 5386087 Nicolas McComber and iStockphoto 1432107 Harvey Robert*)

RIGHT: The Isle-aux-Coudres was first colonized in 1728 but it was Jacques Cartier who named the area. He named the island after its many "coudriers" – the French word for nut tree.

DROITE: L'Île aux Coudres ne fut colonisée qu'à partir de 1728 bien que son nom fut choisi par Jacques Cartier près de deux siècles auparavant. Il la nomma ainsi à cause des nombreux noisetiers présents sur l'île, appelés « coudriers » par les Français de l'époque.
(iStockphoto 1977373 Chris Last)

LEFT: The French settlers began building the famous Citadel in 1750 to defend the city from possible attack. Work on the fortifications was completed by the British in 1831.

GAUCHE: Les colons français commencèrent à construire la célèbre Citadelle en 1750 pour protéger la ville d'une éventuelle attaque. Les Britanniques complétèrent les fortifications en 1831.
(iStockphoto 3545827 khr128)

FAR LEFT: The walls of Quebec city.

GAUCHE LOINTAINE: Les murs de la ville du Québec
(Corbis NW007337 Nik Wheeler/Corbis)

LEFT: An overall view of the Citadel grounds. The trenches around the fort have always been an integral part in the city's defences.

GAUCHE: Une vue générale des terrains de la Citadelle. Les tranchées entourant le fort ont toujours fait partie intégrale des défenses de la cité.
(Corbis NW007332 Nik Wheeler/Corbis)

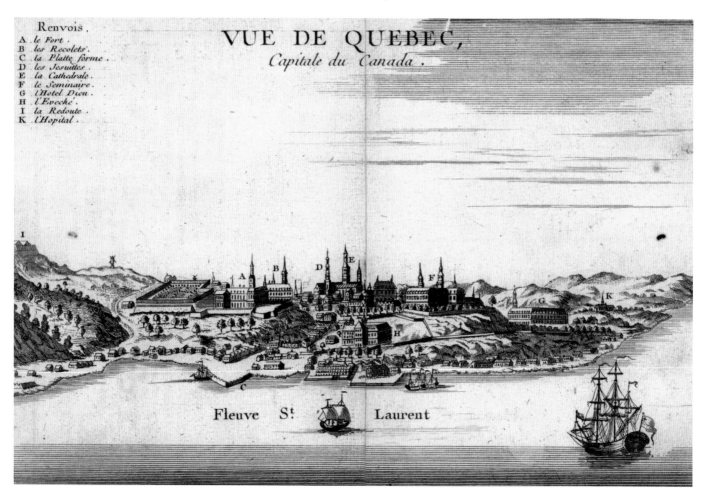

FAR LEFT: This simple drawing shows the view of Quebec from across the Saint Lawrence River in 1755.

GAUCHE LOINTAINE: Ce simple dessin illustre la ville de Québec telle qu'on pouvait l'apercevoir de l'autre rive du Saint-Laurent en 1755.
(LoC pm010733)

LEFT: Champlain Market at the end of the nineteenth century.

GAUCHE: Le Marché de Champlain à la fin du dix-neuvième siècle.
(LoC 12317u)

LEFT & ABOVE: The lower part of Old Quebec, called "Basse Ville," is located beneath the citadel and is the oldest part of the city.

GAUCHE ET DESSUS: La partie inférieure du Vieux-Québec, appelée la "Basse-Ville", est située sous la Citadelle. Il s'agit du plus vieux quartier de la ville.
(Corbis ZFE152586 Rose Hartman/Corbis and Getty 72309380 Panoramic Images)

RIGHT & FAR RIGHT: The Magdalen Islands form a small archipelago in the Gulf of Saint Lawrence. The island has been populated by Acadians since 1755.

DROITE ET DROITE LOINTAINE: Les Îles-de-la-Madeleine forment un petit archipel dans le golfe du Saint-Laurent. Ces îles sont habitées depuis 1755, originellement par des Acadiens.
(iStockphoto 4462019 Denis Tangney and Corbis AF004098 Kevin Schafer/Corbis)

British Occupation (1759–1867)
L'Occupation Britannique (1759–1867)

Looking out across the Saint Lawrence River and Old Quebec City.

Vue sur le fleuve Saint-Laurent et sur le Vieux-Québec.
(iStockphoto 4135477 Tony Tremblay)

British Occupation (1759–1867)
L'occupation britannique (1759–1867)

Following Great Britain's successful capture of Quebec province by the end of 1760, the area began a period of economic growth. The lumber trade expanded, occupying the length of the river from Montmorency to Cap-Rouge. The population of the province also grew quickly, mainly thanks to the influx of Irish and English immigrants. In 1800, Quebec City's population stood at 8,000, by 1860 that figure had multiplied to 57,000. This era in the province's history also heralded the construction of many fine buildings, for example the Market of Bonsecours was completed in 1847 and its neighbor, the equally impressive Notre Dame Bonsecours Chapel in 1776. Residents of the province also began branching out into the surrounding countryside, establishing many new towns and villages.

RIGHT: A statue dedicated to the British General James Wolfe, who gave his life on the Fields of Abraham during the battle to capture Quebec City.

DROITE: Une statue à la mémoire du général britannique James Wolfe, lequel perdit sa vie sur les plaines d'Abraham lors de la bataille ayant assujetti la ville de Québec au contrôle britannique.
(*iStockphoto 2614281 Linda Steward*)

FAR RIGHT: The riverside town of La Malbaie boasts a history as far back as 1760 when Champlain named the area "bad bay" after so many ships were stranded during low tide.

DROITE LOINTAINE: La ville riveraine de La Malbaie détient une histoire débutant bien avant 1760, lorsque Champlain surnomma la région "mauvaise baie" après que plusieurs navires s'y échouèrent à marée basse.
(*iStockphoto 3920690 Tony Tremblay*)

Suite à la capture de la province de Québec par la Grande-Bretagne à la fin de 1760, la région entra dans une ère de croissance économique. L'industrie du bois prit de l'expansion, occupant les rives du fleuve de Montmorency à Cap-Rouge. La population de la province augmenta rapidement, surtout grâce à l'arrivée d'immigrants irlandais et anglais. En 1800, la ville de Québec comptait 8000 habitants, alors qu'en 1860 ce nombre s'élevait déjà à 57 000. Cette période de l'histoire québécoise fut aussi l'hôte de plusieurs contructions admirables. Par exemple, le Marché Bonsecours, inauguré en 1847, se dresse aux côtés de l'impressionnante chapelle Notre-Dame-de-Bonsecours qui existe depuis 1776. Les résidents de la province ramifièrent aussi leur établissement à travers la campagne, créant ainsi de nouveaux villages et d'éventuelles villes.

Standing side by side in Old Montreal are the Notre Dame de Bonsecours Chapel, built in 1776 and the domed Bonsecours Market, which opened in 1847.

Se tenant côte à côte dans le Vieux-Montréal, la chapelle Notre-Dame-de-Bonsecours et le marché Bonsecours existent respectivement depuis 1776 et 1847.
(Corbis 42-16146486 Rudy Sulgan/Corbis)

FAR LEFT: Built in 1802 this old Mill House stands on the Chemin du Roy, the oldest road between Quebec City and Montreal.

GAUCHE LOINTAINE: Construit en 1802, ce vieux moulin est situé sur le Chemin du Roy, la plus vieille route reliant les villes de Québec et de Montréal. *(iStockphoto 718882 Mary Ann Strain)*

LEFT: The tranquil town of Lac-Brome was founded in 1802 by loyalists from the New England states.

GAUCHE: Le village tranquille de Lac-Brome fut fondé en 1802 par des loyalistes provenant des états de la Nouvelle-Angleterre. *(iStockphoto 468343 Eric Gagnon)*

OVERLEAF: The tiny village of Kinnear's Mills was founded during the nineteenth century and is also known as "Four Churches". It has a Presbyterian, an Anglican, a Methodist and a Catholic church for a population of 350.

PAGE SUIVANTE: Le petit village de Kinnear's Mills fut fondé au dix-neuvième siècle et est aussi connu sous le nom des "Quatre Églises". On y retrouve des églises presbytérienne, anglicane, méthodiste et catholique, pour une population de seulement 350 personnes. *(Getty Images 56619028 Yves Marcoux)*

McGill University began in 1821
following the death of James McGill.
The prominent businessman
bequeathed property and money which
allowed the university to open.

L'Université McGill est ouverte depuis
1821, suite au décès de James McGill.
Cet important homme d'affaires légua
le terrain et l'argent nécessaire à
l'ouverture de l'université.
*(Corbis 42-16146502 Rudy
Sulgan/Corbis)*

RIGHT: An early shot of Quebec's largest
city, Montreal, in 1859.

DROITE: Un ancien portrait de la plus
grande ville du Québec, Montréal, en 1859.
*(Corbis HU037325 Hulton-Deutsch
Collection/Corbis)*

FAR RIGHT: Ships wait in line to dock at
the prominent port of Quebec in 1859.

DROITE LOINTAINE: Des bateaux attendent
en file pour accoster au port de Québec
en 1859.
*(Corbis HU045453 Hulton-Deutsch
Collection/Corbis)*

FAR LEFT: Taken in 1859, this photograph shows the view towards Quebec's nineteenth century citadel from Point Levi across the Saint Lawrence River.

GAUCHE LOINTAINE: Prise en 1859, cette photographie montre la vue qu'on avait sur Québec au dix-neuvième siècle à partir de l'autre côté du fleuve à Point-Lévis. *(Corbis HU045454 Hulton-Deutsch Collection/Corbis)*

LEFT: This charming wooden church stands in the town of Saint Michel des Saints. The settlement was established in 1863 by a priest named Léandre Brassard.

GAUCHE: Cette charmante église en bois se trouve dans la ville de Saint-Michel-des-Saints. L'établissement en cette contrée fut l'oeuvre du prêtre Léandre Brassard. *(Corbis UV003340 Ludovic Maisant/Corbis)*

LEFT: A view of the port of Quebec City in 1865. In the photograph it is possible to see some of the cruise ships that are still in use today.

GAUCHE: Photographie du port de Québec prise en 1865. Il est possible d'y voir certains navires de croisière encore utilisés aujourd'hui.
(Corbis HU057727 Hulton-Deutsch Collection/Corbis)

ABOVE: The death of General Wolfe on the Plains of Abraham, September 1759.

DESSUS: La mort du général Wolfe sur les Plaines d'Abraham en septembre 1759.
(LoC 3a04051)

Federation (1867–1931)
La Confédération (1867–1931)

Quebec City's municipal buildings tower over the surrounding countryside.

Les édifices municipaux de la ville de Québec surplombent le paysage des alentours.
(iStockphoto 1030731 christopher o driscoll)

Federation (1867–1931)
La Confédération (1867–1931)

This was a period of impressive growth and industry for Quebec. Rail lines flourished and Quebec City was finally connected to Montreal in 1879. The port of Quebec City was improved and modernized in 1877, making it one of the main outlets for the exportation of Western Canada's grain. The landmark hotel and the first steel framed building in the city, Chateau Frontenac was opened in 1893. Thanks to a healthy service industry and a welcoming country side, tourism in Quebec became one of the area's major industries. This also encouraged immigration and between 1901 and 1931, the population rocketed from 69,000 to 150,000.

Cette période fut marquée d'une impressionnante croissance pour les industries du Québec. L'émergence des chemins de fer permit enfin à la ville de Québec d'être reliée à Montréal en 1879. Le port de Québec fut amélioré et modernisé en 1877, devenant ainsi un des principaux points de vente pour l'exportation du grain de l'ouest canadien. En tant que premier édifice à la structure d'acier à Québec, le Château Frontenac, cet illustre hôtel ouvert depuis 1893, fit dès lors office de point de repère parmi le paysage de la ville. Grâce à la qualité de l'industrie des services et le caractère accueillant de la campagne, le tourisme devint une industrie importante pour la région. Ceci encouragea l'immigration à se poursuivre de plus belle. Entre 1901 et 1931, la population de Québec passa de 69 000 à 150 000 habitants.

RIGHT: View of Haute Ville and government buildings.

DROITE: Vue de Haute Ville et de bâtiments de gouvernement.
(Corbis SC005775 Paul A. Souders/Corbis)

LEFT & ABOVE: Nestled on the banks of the Saguenay River is the city of Alma. Although not established until 1962, Alma was the result of merging four villages, the oldest of which was founded in 1867.

GAUCHE ET DESSUS: Nichée sur les rives de la rivière Saguenay, la ville d'Alma ne fut officiellement établie qu'en 1962. Cette municipalité résulte de la fusion de quatre villages dont le plus vieux fut fondé en 1867.
(iStockphoto 1994323 Tony Tremblay and iStockphoto 3913300 Tony Tremblay)

RIGHT: The grand Montreal Town Hall was built between 1872 and 1878. It fell into disrepair during the following decades but was carefully restored in 1922.

DROITE: Le grand hôtel de ville de Montréal fut construit entre 1872 et 1878. Bien que son état se dégrada au cours des décennies suivantes, le bâtiment fut soigneusement rénové en 1922.
(Fotolia 4541183 yannik LABBE)

RIGHT: The McTavish Reservoir pump house was constructed in 1875 at the southern end of Mount Royal in Montreal.

DROITE: La station de pompage du réservoir McTavish fut construite en 1875 sur le côté sud du Mont Royal à Montréal. *(Corbis 42-16546544 Tibor Bognar/Corbis)*

FAR RIGHT: A terrible fire swept through the Prés de Ville section of Quebec City in the late nineteenth century. It destroyed over 150 homes and forced many people to leave.

DROITE LOINTAINE: Un incendie féroce balaya les Prés de Ville, un quartier de Québec, à la fin du dix-neuvième siècle. Plus de 150 domiciles furent détruits, ce qui força les occupants à s'établir ailleurs. *(Corbis SF37715 Bettmann/Corbis)*

FAR LEFT: Work on Quebec City's Parliament building began in 1877 and took nine years to complete. It was designed by local architect Eugène-Étienne Taché.

GAUCHE LOINTAINE: La construction du Parlement à Québec commença en 1877 selon les plans de l'architecte Eugène-Étienne Taché. Neuf années furent nécessaires pour la complétion des travaux. *(iStockphoto 4194874 Tony Tremblay)*

LEFT: The University of Montreal is one of four within the Quebec area. This facility was opened in 1878.

GAUCHE: L'Université de Montréal occupe un des quatre campus universitaires de la région de Québec. Ces installations sont ouvertes depuis 1878. *(iStockphoto 422587 Gert Bukacek)*

FAR LEFT: Perhaps the most inspiring of all Quebec's Catholic churches is the Basilica of Notre Dame in Montreal. Work began on the great edifice in 1827 and was finally completed in 1879.

GAUCHE LOINTAINE: La basilique Notre-Dame est probablement une des plus inspirantes églises catholiques du Québec au plan architectural. Situé à Montréal, ce magnifique bâtiment fut construit entre 1827 et 1879.
(Corbis CRB002285 Tibor Bognár/Corbis)

LEFT: The impressive interior of the Basilica of Notre Dame was completed by Victor Bourgeau. He took seven years to complete the decorations, finally finishing in 1879.

GAICHE: L'impressionnant décor intérieur de la basilique Notre-Dame fut achevé par Victor Bourgeau. Il s'appliqua à cette tâche pendant sept ans, finissant les décorations et fioritures en 1879.
(Corbis 42-16624428 John Gillmoure/Corbis)

LEFT: A panoramic map showing the town of Sherbrooke in 1881.

GAUCHE: Une carte panoramique montrant la ville de Sherbrooke en 1881.
(LoC pm010737)

ABOVE: North Hatley village, on the edge of Lake Massawippi began life as a summer resort in the late nineteenth century.

DESSUS: Le village de North Hatley près du lac Massawippi prit d'abord vie en tant que lieu de vacances estivales au dix-neuvième siècle.
(Corbis 42-18574554 Philippe Renault/Hemis/Corbis)

FAR LEFT & LEFT: A close up view of the commanding Chateau Frontenac, built in 1893 and designed by Bruce Price to resemble a French chateau.

GAUCHE LOINTAINE ET GAUCHE: L'imposant Château Frontenac vu de près. Construit en 1893, cet immeuble fut élaboré par Bruce Price en s'inspirant des châteaux français.
(Fotolia 5183159 Aurélien Pottier and iStockphoto 4770271 Vladone)

RIGHT: An early photograph of a newly completed Chateau Frontenac. The lower town, or Basse-Ville is visible underneath.

DROITE: Cette vieille photographie dévoile le Château Frontenac alors fraîchement complété. On peut apercevoir la Basse-Ville située en-dessous.
(Corbis GNCA69 Bettmann/Corbis)

FAR RIGHT: Situated high in the Laurentian Mountains, Mount Tremblant was not populated until the late nineteenth century.

DROITE LOINTAINE: Entouré des montagnes des Laurentides, Mont-Tremblant n'est habité que depuis la fin du dix-neuvième siècle.
(Corbis 42-17884691 Richard T. Nowitz/Corbis)

ABOVE: An alternative view of the picturesque Mount Tremblant. The village was established by a Catholic priest, Antoine Labelle, who wished to move away from incoming Protestants.

DESSUS: Un point de vue méconnu sur le pittoresque Mont-Tremblant. Ce village fut établi par un prêtre catholique, Antoine Labelle, qui souhaitait s'éloigner des arrivants protestants. (iStockphoto 4910585 Mélanie Chaput)

ABOVE: The scene of the surrounding villages and countryside from the summit of Mount Tremblant.

DESSUS: Vue scénique sur la campagne et les villages entourant le Mont Tremblant. *(iStockphoto 2101363 Tony Tremblay)*

LEFT & ABOVE: Established in 1901, the village of Val-Jalbert grew quickly. When the local paper mill shut down in 1927 the entire village was abandoned. It is now a popular tourist site.

GAUCHE ET DESSUS: Établi en 1901, le village de Val-Jalbert prit rapidement de l'expansion. Lors de la fermeture de l'usine de pâtes et papier en 1927, le village entier fut abandonné. Ce "village-fantôme" est maintenant un site touristique.
(iStockphoto 2272129 Tony Tremblay and iStockphoto 2314356 Tony Tremblay)

ABOVE: An insight into the poorer areas of Quebec City during the early twentieth century.

DESSUS: Un aperçu des quartiers populaires de la ville de Québec au début du vingtième siècle. *(LoC 3b2954)*

LEFT: Quebec City's train station, known as the Palais Station, was built in 1906 in the same architectural style as the nearby Chateau Frontenac.

GAUCHE: La station de train de Québec, nommée la Gare du Palais, fut construite en 1906 dans le même style architectural que le Château Frontenac. *(iStockphoto 1967039 Gabor Antus)*

RIGHT: Looking down a narrow street in one of the poorer areas of the old city in 1906.

DROITE: Vue en plongée sur une rue étroite dans un des quartiers les plus pauvres de la vieille ville en 1906. *(Corbis SF37716 Bettmann/Corbis)*

The Pointe-au-Père lighthouse was built in
1906 on the Gaspé peninsula. It is the
second tallest in Eastern Canada.

Le phare de la Pointe-au-Père fut construit
en 1906 sur la péninsule de Gaspé. Il s'agit
du deuxième plus haut phare de l'Est du
Canada.
(Corbis 42-19138926 Dave Bartruff/Corbis)

On August 29, 1907, the Quebec City Bridge collapsed, killing 75 workers. The bridge collapsed again in 1916, ending the lives of a further 20 people.

Le 29 août 1907, le pont de Québec s'effondra, tuant ainsi 75 travailleurs. Le pont s'écroula à nouveau en 1916, enlevant la vie à 20 autres personnes.
(Corbis U44828INP Bettmann/Corbis)

LEFT: Battlefields Park was established in 1908 and includes the Fields Of Abraham, where the English and French fought over the future of Quebec.

GAUCHE: Le Parc des Champs-de-Bataille, existant depuis 1908, inclut les Plaines d'Abraham où les Anglais et les Français ont mené une bataille déterminante pour le Québec.
(Corbis WK028406 Wolfgang Kaehler/Corbis)

ABOVE: Taken in 1909, the photograph shows one of the first "Ice Palaces" to be built in Quebec. Now the ice palace is rebuilt each year and attract tourists from all over the world.

DESSUS: Prise en 1909, cette photographie montre l'un des premiers "Palais de Glace" à être construit au Québec. Le palais de glace est maintenant reconstruit à chaque année et attire de nombreux touristes du monde entier.
(LoC 3b42952)

Quebec has been using the raw power of the Saint Lawrence River as a source of hydro-electricity since 1910.

Le Québec a utilisé l'énergie brute du fleuve Saint-Laurent comme source d'hydroélectricité depuis 1910.
(iStockphoto 2263050 Tony Tremblay)

RIGHT: A birds eye view of a snow covered Quebec during the winter of 1917.

DROITE: Vue à vol d'oiseau de Québec sous la neige de l'hiver 1917.
(Corbis U124023INP Bettmann/Corbis)

FAR RIGHT: A quaint and tranquil street in old Quebec during the early twentieth century.

DROITE LOINTAINE: Une charmante et tranquille rue du Vieux-Québec au début du vingtième siècle.
(Corbis SF37754 Bettmann/Corbis)

FAR LEFT: In 1922, the Basilica of Sainte-Anne-de-Beaupré suffered a major fire which left it almost totally destroyed. The church was rebuilt one year later.

GAUCHE LOINTAINE: En 1922, la basilique de Notre-Dame-de-Beaupré fut presque entièrement détruite par un important incendie, mais elle fut reconstruite un an plus tard.
(Corbis U165212INP Bettmann/Corbis)

LEFT: The third rebuilding of the Quebec Bridge was completed in 1919 and links Quebec City to Levis across the Saint Lawrence River.

GAUCHE: C'est en 1919 que le pont de Québec fut reconstruit pour la troisième fois. Ce pont relie les villes de Québec et de Lévis, autrement séparées par le fleuve Saint-Laurent.
(iStockphoto 2158480 Tony Tremblay)

ABOVE & RIGHT: The Jacques Cartier bridge spans the Saint Lawrence River, joining Montreal to Longueuil. It was completed in 1930.

DESSUS ET DROITE: Le pont Jacques-Cartier, dont la construction se termina en 1930, traverse le Saint-Laurent pour relier Montréal et Longueuil.
(iStockphoto 4920456 charley knox and Getty Images HT8804-001 Hulton Collection)

Mid Twentieth Century to Present Day
Du Milieu du Vingtième Siècle à nos Jours

The Olympic Stadium, sometimes refered to as "The Big O", was completed in 1976 for the Montreal Olympic Games and was designed by Roger Taillibert.

Conçu par Roger Taillibert, le Stade Olympique a été achevé en 1976 pour la tenue des Jeux Olympiques à Montréal. *(Corbis 42-18424445 Michael Harding/Arcaid/Corbis)*

Mid Twentieth Century to Present Day
Du Milieu du Vingtième Siècle à nos Jours

Following the Second World War, the economy of Quebec began to grow, and was concentrated much more on the finance, insurance and retail industries. The Civil Service became a major employer following the Quiet Revolution of the 1960s and this governmental growth caused a boom in construction. The population of the area continued to rise and the cities of the province expanded as more outer suburbs appeared. During the 1980s, Quebec suffered an economic slump. Jobs became difficult to come by and the province needed to find ways to diversify the economy. Technology was answer. These days Quebec is home to some of the leading research centers in optics, photonics and biotechnology.

Après la Deuxième Guerre Mondiale, l'économie du Québec se mit à croître, surtout dans le secteur financier, les compagnies d'assurances et le commerce au détail. Le service civil devint un employeur majeur suite à la Révolution Tranquille des années '60 et cette expansion gouvernementale stimula le domaine de la construction. La population québécoise continua de s'accroître et les villes de la province s'étalèrent alors que des banlieues naissaient. Pendant les années '80, le Québec souffrit d'un ralentissement économique. Les emplois se firent rares et la province devait trouver comment diversifier son économie. La technologie se présenta comme solution. De nos jours, le Québec est le berceau de certains centres de recherche d'avant-garde dans les domaines optiques, photoniques et biotechnologiques.

FAR LEFT: The city of Gatineau was incorporated in 1939 but has a history going back much further. The modern Canadian Museum of Civilization was opened in 1989 and just behind it are the beautiful government buildings on Parliament Hill.

GAUCHE LOINTAINE: La ville de Gatineau est incorporée depuis 1939, mais son histoire remonte à des temps bien plus lointains. Le très moderne Musée canadien des civilisations fut ouvert en 1989. Juste derrière le musée, se trouvent les magnifiques bâtiments gouvernementaux sur la Colline du Parlement. *(Corbis 42-18044219 Tibor Bognar/Corbis)*

LEFT: This photograph, taken in 1940 shows the view of Quebec City looking out from Laval University.

GAUCHE: Cette photographie, prise en 1940, offre un point de vue sur la ville de Québec à partir de l'Université Laval. *(Corbis SF37649 Bettmann/Corbis)*

RIGHT: Dominating the skyline over the historical district in Quebec is the Price Building. Built in 1931 it is the tallest building in Old Quebec and one of the oldest skyscrapers in Canada.

DROITE: Dominant l'horizon du plus vieux quartier historique de Québec, l'édifice Price est le plus haut immeuble du secteur. Construit en 1931, ce gratte-ciel est un des plus vieux au Canada.
(Corbis 42-19461094 Michel Setboun/Corbis)

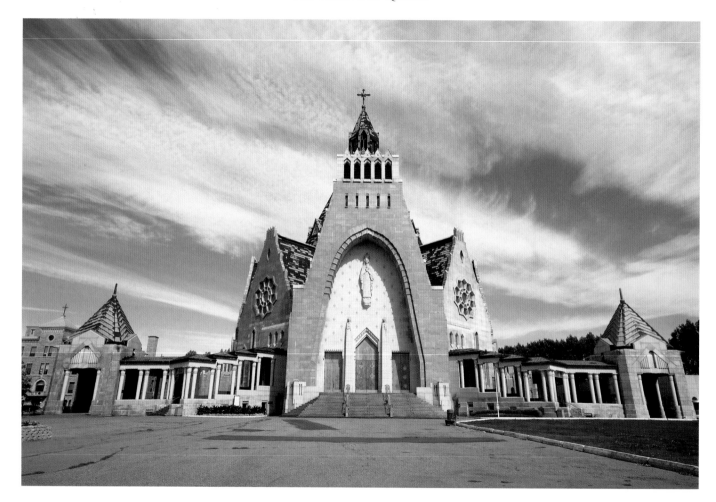

FAR LEFT: Famed for its stained glass windows designed by well known artist Jan Tilleman, the Basilica Notre Dame du Cap was completed in 1964.

GAUCHE ET LOINTAINE: Renommée pour ses fenêtres de vitres teintées conçues par l'artiste bien connu Jan Tilleman, la basilique Notre-Dame-du-Cap fut complétée en 1964.
(Fotolia 4491046 Nouk)

LEFT: A fascinating design for a casino, this building was actually constructed as part of Expo '67. Now it contains 3200 slot-machines and 120 gaming tables.

GAUCHE: Avec un design fascinant pour un casino, ce bâtiment fut bâti à l'origine pour l'Expo 67. Il contient maintenant 3200 machines à sous et 120 tables de jeux.
(Fotolia 4331459 Ritu Jethani)

The massive Laviolette Bridge in Trois Rivieres was opened in 1967 and spans the Saint Lawrence River across 335 meters.

Le massif pont Laviolette à Trois-Rivières est ouvert depuis 1967 et s'étend au-dessus du Saint-Laurent sur une longueur de 335 mètres.
(Corbis 42-17884215 Richard T. Nowitz/Corbis)

ABOVE: Monks take a pilgrimage to the as yet incomplete Saint Joseph's Oratory to seek help from Brother André, the man responsible for building this magnificent edifice and also a performer of miracles.

DESSOUS: Des moines effectuent un pèlerinage à l'Oratoire Saint-Joseph alors que sa construction n'est pas totalement achevée. Ils vont y chercher l'aide du Frère André, un homme remarquable ayant accompli des miracles et étant responsable de la construction de ce magnifique édifice. *(Corbis GNCA35 Bettmann/Corbis)*

ABOVE: Saint Joseph's Oratory in Montreal was completed in 1967 although there has been a church on this site since 1904.

DESSOUS: L'Oratoire Saint-Joseph à Montréal a fini d'être bâti en 1967 tandis qu'une église se trouvait déjà à cet endroit depuis 1904.
(iStockphoto 3874212 Sebastien Cote)

Not far from the serene "La Mauricie" National Park sits the charming village of Grandes Piles.

Non loin du paisible parc national de la Mauricie, est niché le charmant village de Grandes-Piles.
(iStockphoto 2911898 Stephane Daoust)

FAR LEFT: The striking Habitat '67 on the banks of the Saint Lawrence River in Montreal was designed by Moshe Safdie for Expo '67.

GAUCHE LOINTAINE: L'épatant Habitat 67, se tenant sur les rives du fleuve Saint-Laurent à Montréal, a été conçu par Moshe Safdie pour l'Expo 67. *(Corbis 42-18424450 Michael Harding/Arcaid/Corbis)*

LEFT: The geodesic dome of Montreal's "Biosphere" was designed by the world famous architect Richard Buckminster Fuller for the 1967 World Exhibition.

GAUCHE: Le dôme géodésique de la Biosphère a été dessiné par le célèbre architecte Richard Buckminster Fuller pour l'Exposition Universelle de 1967 à Montréal. *(Corbis 42-18424447 Michael Harding/Arcaid/Corbis)*

ABOVE: Tourism has become a valuable industry in Quebec and one of the most exclusive hotels, Le Manoir Richelieu, is situated in the Charlevoix area.

DESSUS: Le tourisme est devenu une industrie profitable au Québec. Un hôtel qui se distingue, le Manoir Richelieu, est situé dans la région de Charlevoix. *(iStockphoto 935640 Valerie Loiseleux)*

ABOVE: The tranquil and magnificent Jacques Cartier National Park was established in 1981 to protect the landscape of the Laurentian massif.

DESSUS: Le magnifique parc national de la Jacques-Cartier fut créé en 1981 afin de protéger le paysage naturel du massif laurentien. *(iStockphoto 2707331 Denis Tangney)*

ABOVE: Modern day Quebec city stands out against the horizon over the Saint Lawrence River.

DESSUS: La ville de Québec des temps modernes se démarque de l'horizon au-dessus du fleuve Saint-Laurent. *(iStockphoto 2168335 Tony Tremblay)*

ABOVE: The view of the port in Basse Ville has changed very little over the years except, perhaps, for the size of the ships.

DESSUS: L'apparence du port, situé en Basse-Ville, a peu changé au fil du temps si ce n'est de la taille des navires. *(Getty sb10064490f-001 Cosmo Condina)*

ABOVE: In 1996, Chicoutimi was flooded by the nearby Saguenay River. This is one of the houses that survived, although somewhat precariously.

DESSUS: En 1996, Chicoutimi fut inondé par la rivière Saguenay. Cette petite maison blanche est une de celles ayant survécu au déluge, bien que très précairement. *(iStockphoto 1958462 Tony Tremblay)*

ABOVE: The Gatineau Preservation Center opened in 1997 and stores some extremely delicate documents within its specially constructed vaults.

DESSUS: Le Centre de Préservation de Gatineau ouvert en 1997 entrepose, dans ses voûtes spécialement conçues, des documents d'archives extrêmement délicats.
(iStockphoto 558555 Valerie Loiseleux)

FAR LEFT: Montreal's architecture, both old and new, stand side by side in this cosmopolitan metropolis.

GAUCHE LOINTAINE: L'architecture montréalaise, juxtaposant ancienneté et modernisme, donne un cachet particulier à la métropole cosmopolite.
(Corbis 42-16146425 Rudy Sulgan/Corbis)

LEFT: A popular sight for tourists is the "Fresque des Quebecois", a mural that depicts 400 years of local history and covers a four storey wall.

GAUCHE: Incontournable pour les touristes, la "Fresque des Québécois" dépeint 400 ans d'histoire nationale sur un mur haut de quatre étages.
(Corbis 42-17885156 Richard T. Nowitz/Corbis)

One of the most magical events in the Quebec calendar is the delightful Winter Carnival.
Held annually, it is the largest of its kind in the world.

Un des événements les plus magiques dans la capitale est le réjouissant Carnaval de Québec.
Tenu annuellement, il s'agit du plus grand festival hivernal au monde.
(Corbis IH210504 Richard T. Nowitz/Corbis)

ABOVE: An aerial view of Old Quebec and the newer parts of the city in 2007.

DESSUS: Vu des airs en 2007, le Vieux-Québec côtoie des développements urbains plus récents.
(Corbis 42-19460978 Michel Setboun/Corbis)

ABOVE: The landscape around the small mining town of Murdochville has been badly scarred by copper mining.

DESSUS: Le paysage autour de la petite ville minière de Murdochville a été sévèrement abîmé par l'extraction du cuivre.
(Corbis WK034461 Wolfgang Kaehler/Corbis)

The ultra modern and vibrant city of
Montreal illuminated at night.

Splendidement illuminée la nuit,
Montréal est une ville moderne et
dynamique.
(Fotolia 3490187 Christopher Howey)

The famous Ice Palace of Quebec now boasts a great hall, a bar and several opulent rooms.

Le célèbre Hôtel de Glace à Québec comporte désormais une salle de réception, un bar et plusieurs chambres luxueuses.
(Corbis 42-17721406 Alison Wright/Robert Harding World Imagery/Corbis)

FAR LEFT: Mount Tremblant has now become a popular ski destination and boasts many exclusive resorts.

GAUCHE LOINTAINE: Le Mont Tremblant est maintenant devenu une populaire station de ski comprenant plusieurs centres de villégiature exclusifs.
(iStockphoto 5291519 Sebastian Santa)

LEFT: If it were not for the presence of the Canadian and Quebec flags, this could almost be mistaken for a street in a typical French village.

GAUCHE: Si ce n'était de la présence des drapeaux canadien et québécois, on pourrait croire qu'il s'agit d'une rue typique d'un village français.
(Corbis 42-17883766 Richard T. Nowitz/Corbis)

Index